16 Schritte zum persönlichen Erfolg. verbessern Sie Ihr Mindset

Themen

1. Persönlicher Erfolg bedeutet, seine Ziele und Träume zu erreichen und sich selbst zu verwirklichen.
2. Es geht um Selbstentwicklung und Wachstum, sowohl persönlich als auch beruflich.
3. Persönlicher Erfolg manifestiert sich in vielen Bereichen, darunter Karriere, Beziehungen, Finanzen und persönliches Wachstum.
4. Eine positive Einstellung und eine klare Vision sind wichtige Faktoren für den persönlichen Erfolg.
5. Persönlicher Erfolg erfordert Engagement und harte Arbeit.
6. Zeitmanagement und Aufgaben Priorisierung helfen Ihnen, sich auf das Wesentliche zu konzentrieren.
7. Eine gute Work-Life-Balance ist wichtig, um Burnout und Stress zu vermeiden.
8. Persönliche Bildung und Erwerb neuer Fähigkeiten unterstützen persönliches Wachstum und Erfolg.
9. Ein gesunder Lebensstil, einschließlich ausreichender Bewegung und einer ausgewogenen Ernährung, trägt zur körperlichen und geistigen Gesundheit bei.
10. Die richtige Selbstpflege, einschließlich regelmäßiger Erholung und Entspannung, unterstützt eine gute Gesundheit und Leistungsfähigkeit.
11. Die aktive Teilnahme an sozialen Netzwerken und die Pflege von Beziehungen fördern das persönliche Wachstum und den Erfolg.
12. Persönlicher Erfolg erfordert auch die Fähigkeit, mit

Rückschlägen umzugehen und daraus zu lernen.
13. Selbstbeobachtung und die Fähigkeit, sich ehrlich einzuschätzen, hilft Ihnen, Ihre Stärken und Schwächen zu erkennen und sich gezielt weiterzuentwickeln.
14. Eine positive Einstellung und die Fähigkeit, Probleme anzugehen und zu lösen, sind wichtige Bestandteile des persönlichen Erfolgs.
15. Eine offene und neugierige Einstellung zu neuen Ideen und Herausforderungen fördert persönliches Wachstum und Erfolg.
16. Starke Selbstdisziplin und die Fähigkeit, Prioritäten zu setzen, tragen zum persönlichen Erfolg bei.

KAPITEL 1
PERSÖNLICHER ERFOLG BEDEUTET, SEINE ZIELE UND TRÄUME ZU ERREICHEN UND SICH SELBST ZU VERWIRKLICHEN.

Persönlicher Erfolg bedeutet für verschiedene Menschen unterschiedliche Dinge. Für den einen kann es das Erreichen einer hohen Position im Beruf bedeuten, für den anderen das Familienglück, der Aspekt ist, dass es unseren Zielen und Träumen entspricht.

Um Ihre Ziele und Träume zu erreichen, ist es wichtig, sich bewusst zu machen, was Ihnen wichtig ist und was Sie erreichen wollen. Dies kann durch die Festlegung klarer Ziele und die Schaffung von Verfahren zur Erreichung dieser Ziele unterstützt werden. Es ist auch wichtig, sich selbst zu motivieren und die Disziplin zu haben, die notwendigen Schritte zu unternehmen, um Ihre Ziele zu erreichen.

Ein weiterer wichtiger Aspekt für den persönlichen Erfolg ist, sich selbst zu akzeptieren und sich selbst treu zu bleiben. Anstatt sich ständig mit anderen zu vergleichen oder Druck auf dich auszuüben, bestimmte Erwartungen zu erfüllen, ist es wichtig, dich so zu akzeptieren, wie du bist. Stattdessen sollten wir uns auf unsere Stärken und Fähigkeiten konzentrieren und danach streben, uns zu verbessern und zu wachsen.

Persönlicher Erfolg bedeutet auch zu lernen, sich selbst zu verwirklichen und seine Träume zu verfolgen. Das bedeutet, dass wir bereit sind, Risiken einzugehen und unsere Komfortzone zu verlassen, um unsere Ziele zu erreichen. Es ist wichtig, dass wir uns erlauben, unsere Träume zu verfolgen und uns nicht von Angst oder Zweifel zurückhalten zu lassen.

Zusammenfassend bedeutet persönlicher Erfolg, seine Ziele und Träume zu erreichen und sich selbst zu verwirklichen. Dies erfordert klare Ziele, die Motivation und Disziplin, diese Ziele zu erreichen, sich selbst zu akzeptieren und seine Träume zu verfolgen, auch wenn es bedeutet, Risiken einzugehen.

KAPITEL 2
ES GEHT UM SELBSTENTWICKLUNG UND WACHSTUM, SOWOHL PERSÖNLICH ALS AUCH BERUFLICH.

Persönlicher Erfolg bedeutet mehr als das Erreichen von Karrierezielen oder finanziellem Erfolg. Es geht auch um Selbstentwicklung und Wachstum, sowohl persönlich als auch beruflich. Persönliches Wachstum bedeutet, sich bewusst mit uns selbst auseinanderzusetzen und daran zu arbeiten, unsere Stärken und Schwächen zu erkennen und zu verbessern. Dies kann durch den Besuch von Weiterbildungen, das Lesen von Büchern und die Arbeit mit Mentoren erreicht werden. Lernen Sie neue Fähigkeiten und Kenntnisse und verbessern Sie sich.

Berufliches Wachstum bezieht sich auf die Karriereentwicklung und den Aufstieg innerhalb einer Organisation. Dies kann durch das Erlernen neuer Fähigkeiten, das Absolvieren einer beruflichen Weiterentwicklung oder die Übernahme von Verantwortung in einer neuen Position erreicht werden. Persönliche und berufliche Entwicklung gehen oft Hand in Hand und können sich gegenseitig beeinflussen. Diejenigen, die sich selbst entwickeln und wachsen, werden wahrscheinlich auch in ihrer Karriere wachsen und vorankommen. Umgekehrt trägt berufliches Wachstum auch zum persönlichen Wachstum bei, indem neue Fähigkeiten und Erfahrungen

herausgefordert und bereitgestellt werden.
Es ist wichtig, sich im Laufe der Zeit sowohl persönlich als auch beruflich bewusst weiterzuentwickeln. Durch kontinuierliches Wachstum und die Entwicklung von Fähigkeiten und Wissen kann eine Person ihre Ziele erreichen und persönlichen Erfolg erzielen.

KAPITEL 3
PERSÖNLICHER ERFOLG MANIFESTIERT SICH IN VIELEN BEREICHEN, DARUNTER KARRIERE, BEZIEHUNGEN, FINANZEN UND PERSÖNLICHES WACHSTUM.

Persönlicher Erfolg ist individuell und kann sich in vielen verschiedenen Bereichen manifestieren. Hier sind einige Beispiele, wie sich persönlicher Erfolg in verschiedenen Lebensbereichen manifestiert.

1. Werdegang.
Persönlicher beruflicher Erfolg kann viele Formen annehmen, wie z. B. das Erreichen einer hohen Position in einem Unternehmen, die Gründung eines erfolgreichen Unternehmens oder die Erweiterung Ihrer Fähigkeiten und Kenntnisse.

2. Beziehungen.
Persönlicher Erfolg in Beziehungen bedeutet, glückliche und erfüllende Partnerschaften zu haben oder gute Beziehungen zu Freunden und Familie zu pflegen.

3. Finanzielle Lebensdauer.
Persönlicher Erfolg im Finanzbereich spiegelt sich in der Erreichung finanzieller Stabilität und Unabhängigkeit wider. Dazu gehört, sich gut um die eigenen Finanzen zu kümmern und eine gesunde finanzielle Zukunft zu gestalten.

4. Persönliches Wachstum.
Persönlicher Erfolg im Bereich persönliches Wachstum

spiegelt sich in der Erreichung persönlicher Ziele und der Entwicklung von Fähigkeiten und Wissen wider. Dazu gehört, sich selbst besser zu kennen und zu verstehen und mit sich selbst zu arbeiten, um seine persönlichen Stärken und Schwächen zu erkennen und zu verbessern.

Es ist wichtig zu beachten, dass persönlicher Erfolg nicht nur in einem Bereich erzielt wird, sondern sich in vielen Bereichen Ihres Lebens manifestieren kann. Es geht um Selbstverwirklichung und das Erreichen von Zielen und Träumen, um ein erfülltes und glückliches Leben zu führen.

KAPITEL 4
EINE POSITIVE EINSTELLUNG UND EINE KLARE VISION SIND WICHTIGE FAKTOREN FÜR DEN PERSÖNLICHEN ERFOLG.

Eine positive Einstellung und eine klare Vision sind wichtige Zutaten für den persönlichen Erfolg in vielen Lebensbereichen, auch in finanziellen. Eine positive Einstellung hilft Ihnen, motiviert und engagiert zu bleiben, um Ihre Ziele zu erreichen, während eine klare Vision Ihnen hilft, sich auf das zu konzentrieren, was wirklich wichtig ist.

Eine positive Einstellung kann viele Aspekte des Lebens beeinflussen, einschließlich der finanziellen Sicherheit. Menschen mit einer positiven Einstellung sind tendenziell optimistischer und bereit, Risiken einzugehen, um ihre Ziele zu erreichen. Eine klare Vision hilft Ihnen, sich auf das Wesentliche zu konzentrieren. Wenn Sie wissen, was Sie erreichen möchten, können Sie sich leichter auf Dinge konzentrieren, die Ihnen helfen, dieses Ziel zu erreichen. Eine klare Vision kann Ihnen auch helfen, sich langfristig in eine bessere Position zu bringen, indem Sie die finanziellen Entscheidungen erkennen, die zum Erreichen Ihrer Ziele erforderlich sind.

Insgesamt können wir sagen, dass eine positive Einstellung und eine klare Vision wichtige Faktoren für den persönlichen Erfolg sind, sei es im Finanzbereich oder in anderen Lebensbereichen. Indem Sie verstehen, wo Sie stehen, können Sie Ihren Weg zu finanziellen Zielen besserstellen und sich absichern.

KAPITEL 5
Persönlicher Erfolg erfordert Engagement und harte Arbeit.

Persönlicher Erfolg ist für viele Menschen ein wichtiges Lebensziel, aber es ist wichtig zu verstehen, dass dies nicht selbstverständlich ist. Persönlicher Erfolg erfordert Engagement und Anstrengung, um Ihre Ziele und Träume zu erreichen. Es ist wichtig, dass Sie Ihre Ziele klar definieren und einen Plan haben, um sie zu erreichen. Dies kann durch den Besuch von Weiterbildungskursen, das Lesen von Büchern und die Arbeit mit Mentoren erreicht werden. Es ist auch wichtig, sich die Zeit zu nehmen, über Ihre Stärken und Schwächen nachzudenken und sich auf die Bereiche zu konzentrieren, die Sie verbessern möchten. Auch das Durchhalten von Rückschlägen ist wichtig für den persönlichen Erfolg. Persönlicher Erfolg kommt nicht von alleine und es gibt immer wieder Hürden und Herausforderungen zu überwinden. Mit Hingabe und harter Arbeit können Sie jedoch Ihre Ziele und Träume erreichen und sich selbst verwirklichen.

Es ist auch wichtig, sich umzusehen und sich von anderen inspirieren zu lassen, die bereits erfolgreich waren. Sie können von ihrer Erfahrung und Weisheit lernen und sich von ihrem Engagement und ihrer Hartnäckigkeit inspirieren lassen. Auch die Verbindung mit anderen Menschen, die die gleichen Ziele und Träume haben, kann hilfreich sein, weil wir uns gegenseitig unterstützen und inspirieren können.

Insgesamt ist der persönliche Erfolg das Ergebnis von Hingabe und harter Arbeit. Mit klaren Zielen, Zugang zu Weiterbildungsmöglichkeiten und der Unterstützung von Mentoren und Gleichgesinnten können Sie sich auf den Weg zu persönlichem Erfolg und Selbstverwirklichung machen.

KAPITEL 6
Zeitmanagement und Aufgaben Priorisierung helfen Ihnen, sich auf das Wesentliche zu konzentrieren.

Zeitmanagement und Aufgaben Priorisierung sind wichtige Faktoren für den persönlichen Erfolg, da sie uns helfen, uns auf das Wesentliche zu konzentrieren und die wichtigsten Aufgaben zu erledigen.

Eine gute Möglichkeit, das Zeitmanagement zu verbessern, ist das Erstellen einer To-Do-Liste. Das Aufschreiben Ihrer Aufgaben hilft Ihnen, organisiert und priorisiert zu bleiben. Es ist auch hilfreich, eine bestimmte Zeit festzulegen, um eine Aufgabe zu erledigen, anstatt zu versuchen, alles auf einmal zu erledigen. Die Verwendung von Timern und der Pomodoro-Technik kann Ihnen helfen, sich zu konzentrieren und Aufgaben effektiv zu erledigen. Die Priorisierung Ihrer Aufgaben ist ebenfalls wichtig, um sich auf das Wesentliche zu konzentrieren. Dies kann durch Priorisierung erfolgen, Aufgaben nach Wichtigkeit und Dringlichkeit ordnen und die wichtigsten Aufgaben zuerst bearbeiten. Die Priorisierung stellt sicher, dass die wichtigsten Aufgaben erledigt werden und Sie sich auf das Wesentliche konzentrieren können.

KAPITEL 7
EINE GUTE WORK-LIFE-BALANCE IST WICHTIG, UM BURNOUT UND STRESS ZU VERMEIDEN.

Work-Life-Balance ist wichtig, um Burnout und Stress zu vermeiden und ein glückliches und erfülltes Leben zu führen. Work-Life-Balance bedeutet, sowohl in der Arbeit als auch in der Freizeit erfolgreich zu sein und sich genügend Zeit zu nehmen, um sich um sich selbst und seine Beziehungen zu kümmern.

Eine unausgeglichene Work-Life-Balance kann zu Stress, Überforderungsgefühlen und langfristig zum Burnout führen. Deshalb ist es wichtig, sich bewusst Zeit für Freizeit und Beziehungen zu nehmen, anstatt sich nur auf die Arbeit zu konzentrieren.

Ein wichtiger Schritt zur Erreichung einer guten Work-Life-Balance ist das Setzen von Grenzen. Das kann bedeuten, feste Arbeitszeiten festzulegen und sich nicht zu viele Verpflichtungen aufzuerlegen. Es bedeutet auch, sich Zeit für Hobbies und Freizeitaktivitäten zu nehmen und Beziehungen wertzuschätzen.

Work-Life-Balance ist der Schlüssel, um Burnout und Stress zu vermeiden und ein glückliches und erfülltes Leben zu führen.

KAPITEL 8
PERSÖNLICHE BILDUNG UND ERWERB NEUER FÄHIGKEITEN UNTERSTÜTZEN PERSÖNLICHES WACHSTUM UND ERFOLG.

Persönliches Wachstum und der Erwerb neuer Fähigkeiten sind wichtige Faktoren für persönliches Wachstum und Erfolg. Indem Sie sich weiterbilden und neue Fähigkeiten erwerben, können Sie Ihre Karrierechancen verbessern und sich selbst verwirklichen.

Es gibt viele Möglichkeiten, sich weiterzubilden und neue Fähigkeiten zu erlernen. Dazu gehören zum Beispiel Weiterbildungen, Seminare, Online-Kurse, Lektüre etc. Wichtig ist, dass Sie sich Zeit nehmen, Ihre Ziele und Interessen bewusst zu reflektieren und sich auf Bereiche zu konzentrieren, die Sie weiterentwickeln möchten. Persönliches Training und das Erlernen neuer Fähigkeiten können Ihnen auch dabei helfen, Ihre Stärken und Schwächen besser zu verstehen und sich selbst besser kennenzulernen. Neues zu lernen, erweitert Ihren Horizont und kann auch neue Ideen hervorbringen, die entscheidend für Ihren persönlichen Erfolg sind.

KAPITEL 9
EIN GESUNDER LEBENSSTIL, EINSCHLIESSLICH AUSREICHENDER BEWEGUNG UND EINER AUSGEWOGENEN ERNÄHRUNG, TRÄGT ZUR KÖRPERLICHEN UND GEISTIGEN GESUNDHEIT BEI.

Ein gesunder Lebensstil, einschließlich ausreichender Bewegung und einer ausgewogenen Ernährung, trägt zur körperlichen und geistigen Gesundheit bei und ist entscheidend für den persönlichen Erfolg. Eine gesunde Ernährung und regelmäßige Bewegung können Ihre körperliche und geistige Leistungsfähigkeit verbessern und dazu führen, dass Sie sich besser fühlen. Ausreichende Bewegung ist wichtig, um den Körper gesund und fit zu halten. Regelmäßige Bewegung senkt Ihr Krankheitsrisiko und stärkt Ihr Immunsystem. Es hilft auch, Stress und Anspannung abzubauen und die geistige Leistungsfähigkeit zu verbessern. Eine ausgewogene Ernährung ist ebenfalls wichtig, um alle Nährstoffe zu liefern, die Ihr Körper benötigt. Eine ausgewogene Ernährung kann die körperliche Leistungsfähigkeit verbessern und das Krankheitsrisiko senken. Es ist wichtig, genügend Obst, Gemüse und andere gesunde Lebensmittel zu essen, um deinen Körper mit allen Nährstoffen zu versorgen, die er braucht.
Insgesamt ist es wichtig, auf einen gesunden Lebensstil

zu achten.

KAPITEL 10
DIE RICHTIGE SELBSTPFLEGE, EINSCHLIESSLICH REGELMÄSSIGER ERHOLUNG UND ENTSPANNUNG, UNTERSTÜTZT EINE GUTE GESUNDHEIT UND LEISTUNGSFÄHIGKEIT.

Selbstfürsorge ist ein wichtiger Aspekt der allgemeinen Gesundheit und Leistungsfähigkeit. Es geht darum, sich selbst die Aufmerksamkeit und Fürsorge zu schenken, die Sie brauchen, um sich körperlich, emotional und geistig gesund zu fühlen. Hier sind 10 Möglichkeiten, Ihre Selbstfürsorge zu verbessern.

1. Machen Sie regelmäßig Pausen.
Es ist wichtig, sich immer Zeit zum Entspannen und Auftanken zu nehmen. Entscheiden Sie sich bewusst für eine Auszeit, um sich zu entspannen und neue Kraft zu schöpfen.

2. Nehmen Sie sich Zeit für sich.
Verbringen Sie regelmäßig Zeit alleine, um Ihren Kopf freizubekommen und sich zu entspannen.

3. Sport treiben.
Bewegung ist gut für die körperliche und geistige Gesundheit. Finden Sie eine Übung, die Sie lieben, und machen Sie sie regelmäßig.

4. Gesunde Ernährung.
Eine ausgewogene Ernährung trägt zu Ihrer Gesundheit bei. Achte darauf, genug Obst, Gemüse und andere gesunde Lebensmittel zu essen.

5. Schlaf.
Erholsamer Schlaf ist wichtig für die körperliche und geistige Gesundheit. Achte darauf, dass du jede Nacht genug Schlaf bekommst.

6. Verwenden Sie Entspannungstechniken.
Es gibt verschiedene Techniken, die Ihnen helfen, sich zu entspannen, wie zum Beispiel progressive Muskelentspannung und Yoga.

7. Achten Sie auf Ihre körperliche Gesundheit.
Suchen Sie regelmäßig Ihren Arzt auf, um gesundheitliche Probleme frühzeitig zu erkennen und zu behandeln.

8. Kümmere dich um deine geistige Gesundheit.
Wenn Sie das Gefühl haben, dass Sie mit Ihrer psychischen Gesundheit zu kämpfen haben, zögern Sie nicht, professionelle Hilfe in Anspruch zu nehmen.

9. Ausreichend trinken.
Trinken Sie genug Wasser, um Ihren Körper mit Feuchtigkeit zu versorgen.

10. Verfolgen Sie Hobbys und Aktivitäten.
Verbringen Sie Zeit mit Dingen, die Spaß machen und

RALF THOMAS

entspannen.

KAPITEL 11
DIE AKTIVE TEILNAHME AN SOZIALEN NETZWERKEN UND DIE PFLEGE VON BEZIEHUNGEN FÖRDERN DAS PERSÖNLICHE WACHSTUM UND DEN ERFOLG.

Soziale Netzwerke und der Aufbau von Beziehungen spielen eine wichtige Rolle für persönliches Wachstum und Erfolg. Hier sind 9 Gründe, warum es wichtig ist, sich in sozialen Medien zu engagieren und Beziehungen zu pflegen.

1. Bieten Sie emotionale Unterstützung an.
In schwierigen Zeiten können Freunde und Familie eine wichtige Stütze und emotionale Stütze sein.

2. Förderung der Selbstentwicklung.
Der Austausch mit anderen Menschen erweitert unseren Horizont und gibt uns neue Ideen und Einsichten.

3. Steigern Sie Ihr Selbstvertrauen.
Positive Anerkennung und Lob von Freunden und Familie können unser Selbstbewusstsein stärken.

4. Bieten Sie Karrieremöglichkeiten.
Soziale Netzwerke und berufliche Beziehungen können Ihnen dabei helfen, berufliche Kontakte zu knüpfen und neue Beschäftigungsmöglichkeiten zu finden.

5. Sie tragen zur Förderung der Kreativität bei.
Die Interaktion mit anderen Menschen und der Austausch von Ideen beflügeln unsere Kreativität und bereichern unser Denken.

6. Erhöhen Sie das Selbstwertgefühl.
Sich in Beziehungen wertgeschätzt und akzeptiert zu fühlen, kann das Selbstwertgefühl stärken.

7. Verbesserung der psychischen Gesundheit.
Soziale Netzwerke und positive Beziehungen können helfen, Stress und Angst abzubauen und die allgemeine Gesundheit zu verbessern.

8. Verlängert die Lebensdauer.
Studien haben gezeigt, dass Menschen mit engen sozialen Bindungen länger leben als solche mit weniger sozialem Engagement.

9. Fördert die körperliche Gesundheit.
Soziale Netzwerke und positive Beziehungen können Ihnen helfen, gesünder zu essen und sich mehr zu bewegen, was Ihre körperliche Gesundheit verbessert.

10. Sie fördern Empathie und Mitgefühl.
Empathie und Mitgefühl sind wichtige Eigenschaften, die uns helfen, uns besser mit anderen zu verbinden und uns in ihre Sichtweise zu versetzen. Es hilft Ihnen, besser zu verstehen.

Empathie und Mitgefühl können durch eine Vielzahl

von Aktivitäten gefördert werden. Eine Möglichkeit ist zum Beispiel, sich mit anderen Menschen auszutauschen und Erfahrungen auszutauschen. Indem wir den Perspektiven anderer zuhören und sie verstehen, können wir uns in ihre Lage versetzen und Mitgefühl für sie entwickeln. Auch das bewusste Reflektieren der Gefühle und Erfahrungen anderer und das Versetzen in ihre Lage kann helfen. Indem wir Empathie und Mitgefühl üben, können wir lernen, die Gefühle und Erfahrungen anderer besser zu verstehen und uns mit ihnen zu verbinden.

Insgesamt sind Empathie und Mitgefühl Schlüsselqualitäten, die uns helfen, uns besser mit anderen zu verbinden und uns in ihre Sichtweise zu versetzen.

KAPITEL 12
PERSÖNLICHER ERFOLG ERFORDERT AUCH DIE FÄHIGKEIT, MIT RÜCKSCHLÄGEN UMZUGEHEN UND DARAUS ZU LERNEN.

Persönlicher Erfolg ist nicht immer eine gerade Linie. Es gibt immer Höhen, Tiefen, Rückschläge und Herausforderungen, denen wir begegnen. Die Fähigkeit, mit Rückschlägen umzugehen und daraus zu lernen, ist jedoch ein wichtiger Aspekt des persönlichen Erfolgs. Hier sind 6 Tipps, wie man mit Rückschlägen umgeht und daraus lernt.

1. Akzeptiere, dass Rückschläge zum Leben gehören.
Rückschläge sind ein normaler Teil des Lebens und treffen uns alle früher oder später. Akzeptiere, dass es in Ordnung ist, frustriert zu sein, und dass es normal ist, sich darüber aufzuregen.

2. Verstehen Sie, was schiefgelaufen ist.
Überlegen Sie, was genau schiefgelaufen ist und was Sie daraus lernen können.
Fragen Sie sich selbst:
Habe ich etwas falsch gemacht? Wie hätten wir es besser machen können? Was haben Sie daraus gelernt?

3. Geben Sie sich Zeit, Rückschläge zu verarbeiten.
Geben Sie sich Zeit, Rückschläge zu verarbeiten und

sich wieder zu erholen. Es ist in Ordnung, wütend oder frustriert zu sein, aber lass dich von diesen Gefühlen nicht zu lange in die Quere kommen.

4. Sprechen Sie darüber, wie Sie sich fühlen.
Teilen Sie Ihre Gefühle mit anderen, einschließlich Freunden und Familie. Über deine Gefühle zu sprechen kann dir helfen, dich selbst besser zu verarbeiten und eine neue Perspektive zu gewinnen.

5. Unterstützung finden.
Suchen Sie sich professionelle Hilfe, z. B. einen Therapeuten, wenn Sie den Rückschlag nicht alleine bewältigen können.

6. Setzen Sie sich realistische Ziele.
Anstatt sich nach einem Rückschlag zu große und überwältigende Ziele zu setzen, ist es eine gute Idee, sich neue, realistische Ziele zu setzen.

KAPITEL 13
SELBSTBEOBACHTUNG UND DIE FÄHIGKEIT, SICH EHRLICH EINZUSCHÄTZEN, HILFT IHNEN, IHRE STÄRKEN UND SCHWÄCHEN ZU ERKENNEN UND SICH GEZIELT WEITERZUENTWICKELN.

Die Fähigkeit, sich selbst ehrlich einzuschätzen und regelmäßige Selbstuntersuchungen durchzuführen, kann ein wertvoller Schritt in der Persönlichkeitsentwicklung sein. Selbstreflexion hilft Ihnen, Ihre Stärken und Schwächen zu erkennen und sich weiterzuentwickeln. Hier sind acht Tipps, wie Sie Selbstbeobachtung in Ihr tägliches Leben integrieren können.

1. Nehmen Sie sich regelmäßig Zeit zur Selbstreflexion.
Planen Sie bewusst eine Zeit ein, in der Sie sich selbst prüfen und bewerten können.

2. Führe ein Tagebuch.
Schreiben Sie regelmäßig ein Tagebuch, um Ihre Gedanken und Gefühle festzuhalten, damit Sie sich später daran erinnern können.

3. Fragen Sie sich.

Um dich besser kennenzulernen, kannst du Fragen stellen wie:
Was macht mich glücklich Was sind meine Stärken und Schwächen? Was wollen Sie in Zukunft erreichen?

4. Denken Sie über Ihre Werte und Ziele nach.
Überlegen Sie, welche Werte und Ziele Ihnen wichtig sind und ob Ihr aktuelles Handeln daran ausgerichtet ist.

5. Nehmen Sie sich Zeit, um Ihre Gefühle zu verstehen.
Versuchen Sie, Ihre Gefühle zu verstehen und zu akzeptieren, anstatt sie zu unterdrücken. Fragen Sie sich, was diese Gefühle auslöst und wie Sie damit umgehen können.

6. Feedback von anderen einholen.
Fragen Sie Freunde, Familie oder Kollegen, wie sie Sie wahrnehmen und was Ihre Stärken und Schwächen sind.

7. Seien Sie sich bewusst, was Sie beeinflusst.
Denken Sie an Ihre Umgebung, Ihre Gedanken, Ihre Emotionen und andere Faktoren, die Ihr Verhalten und Ihre Gefühle beeinflussen.

8. Empathie üben.
Versuchen Sie, sich in andere hineinzuversetzen und ihre Sichtweise zu verstehen. Dies hilft Ihnen, Ihre Emotionen und Handlungen zu kontrollieren.

KAPITEL 14
EINE POSITIVE EINSTELLUNG UND DIE FÄHIGKEIT, PROBLEME ANZUGEHEN UND ZU LÖSEN, SIND WICHTIGE BESTANDTEILE DES PERSÖNLICHEN ERFOLGS.

Eine positive Einstellung und die Fähigkeit, Probleme anzugehen und zu lösen, sind wichtige Faktoren für den persönlichen Erfolg. Sie helfen uns, Herausforderungen besser zu meistern und unsere Ziele zu erreichen. Hier sind 10 Tipps zur Verbesserung Ihrer Proaktivität und Problemlösungsfähigkeiten.

1. Halte dich an positive Worte.
Drücken Sie Ihre Gedanken und Gefühle mit positiven Worten und Sätzen aus.

2. Seien Sie optimistisch.
Bleiben Sie positiv und machen Sie das Beste aus jeder Situation.

3. Lösungsorientiert entwickeln.
Anstatt uns auf Probleme und Schwierigkeiten zu konzentrieren, versuchen wir, Lösungen und Möglichkeiten zu finden.

4. Lernen Sie, flexibel zu sein.
Offen für Veränderungen und bereit, sich an neue

Situationen anzupassen.

5. Vermeiden Sie negative Denkmuster.
Erkennen und vermeiden Sie negative Denkmuster, die Sie daran hindern, Probleme anzugehen und zu lösen.

6. Cool bleiben.
Versuchen Sie, in Stresssituationen ruhig zu bleiben und einen kühlen Kopf zu bewahren.

7. Setzen Sie sich klare Ziele.
Steigern Sie Ihre Proaktivität und Problemlösungsfähigkeiten, indem Sie sich klare und realistische Ziele setzen.

8. Machen Sie einen Plan.
Erstellen Sie einen Plan, um Ziele zu erreichen und mit Problemen umzugehen.

9. Seien Sie bereit, Risiken einzugehen.
Gehen Sie Risiken ein und gehen Sie neue Wege, um Ihre Ziele zu erreichen.

10. Lernen Sie aus Ihren Fehlern.
Was war falsch? Was kann verbessert werden? Gab es gewisse Ansätze oder Entwicklungen die stimmten ?

KAPITEL 15
EINE OFFENE UND NEUGIERIGE EINSTELLUNG ZU NEUEN IDEEN UND HERAUSFORDERUNGEN FÖRDERT PERSÖNLICHES WACHSTUM UND ERFOLG.

Eine offene und neugierige Einstellung zu neuen Ideen und Herausforderungen spielt eine wichtige Rolle für persönliches Wachstum und Erfolg. Entdecken Sie neue Perspektiven und erweitern Sie Ihre Fähigkeiten. Hier sind 10 Tipps, wie Sie Neugier und Offenheit fördern können.

1. Stellen Sie sich neuen Herausforderungen.
Fordern Sie sich selbst heraus und suchen Sie nach Gelegenheiten, neue Dinge auszuprobieren.

2. Interesse.
Stellen Sie viele Fragen und zeigen Sie Interesse an neuen Ideen und Themen.

3. Machen Sie sich mit neuen Technologien und Entwicklungen vertraut.
Bleiben Sie über neue Technologien und Entwicklungen in Ihrem Bereich auf dem Laufenden, um Ihre Neugier zu wecken.

4. Nutzen Sie die Gelegenheit zum Lernen.
Nutzen Sie die sich Ihnen bietenden Möglichkeiten,

Neues zu lernen und Ihr Wissen zu erweitern.

5. Viel lesen.
Erweitern Sie Ihren Horizont und entdecken Sie neue Ideen, indem Sie Bücher und Artikel zu verschiedenen Themen lesen.

6. Reisen.
Reisen Sie in neue Länder, entdecken Sie fremde Kulturen und bewahren Sie Ihre Neugier und Offenheit.

7. Nutzen Sie die Networking-Möglichkeiten.
Vernetzen Sie sich mit anderen, tauschen Sie sich aus und entdecken Sie neue Perspektiven und Ideen.

8. Podcasts und Hörbücher anhören.
Erweitern Sie Ihren Horizont und entdecken Sie neue Ideen, indem Sie Podcasts und Hörbücher zu verschiedenen Themen hören.

9. Nutzen Sie die Möglichkeiten zum Selbststudium.
Lernen Sie neue Fähigkeiten und erweitern Sie Ihr Wissen mit Online-Kursen und anderen Gelegenheiten zum Selbststudium.

10. Probieren Sie neue Dinge aus.
Das Ausprobieren neuer Dinge kann eine wertvolle Erfahrung sein, da es Ihnen die Möglichkeit gibt, Ihre Grenzen zu überschreiten und neue Fähigkeiten und Interessen zu entdecken. Es hilft Ihnen auch, sich selbst besser kennenzulernen und zu verstehen, was Sie

wirklich mögen und was nicht.
Es gibt viele Möglichkeiten, Neues auszuprobieren. Probieren Sie zum Beispiel eine neue Sportart aus, nehmen Sie ein neues Hobby auf oder reisen Sie in eine neue Stadt oder ein neues Land. Sie können auch neue Lebensmittel ausprobieren oder sich in neue Berufsfelder wagen. Es ist wichtig, dass Angst und Nervosität dem Ausprobieren neuer Dinge nicht im Wege stehen. Auch wenn Sie nicht sofort gut darin sind, ist es in Ordnung, wenn es nicht sofort funktioniert. Neue Dinge auszuprobieren ist ein Weg, um zu wachsen und zu lernen, also ist es wichtig, sich Zeit zu nehmen, um Spaß zu haben.

Insgesamt kann das Ausprobieren neuer Dinge eine wertvolle Erfahrung sein, die Ihnen hilft, sich selbst besser kennenzulernen und neue Fähigkeiten und Interessen zu entdecken. Es ist wichtig, sich Zeit zum Handeln zu nehmen, ohne von Angst und Besorgnis gebunden zu sein.

KAPITEL 16
STARKE SELBSTDISZIPLIN UND DIE FÄHIGKEIT, PRIORITÄTEN ZU SETZEN, TRAGEN ZUM PERSÖNLICHEN ERFOLG BEI.

Starke Selbstdisziplin und die Fähigkeit, Prioritäten zu setzen, sind wichtige Faktoren für den persönlichen Erfolg. Sie helfen uns, unsere Ziele und Aufgaben zu fokussieren und erfolgreich zu meistern. Hier sind 10 Tipps, wie Sie Ihre Selbstdisziplin und Priorisierung verbessern können.

1. Setzen Sie sich klare Ziele.
Definieren Sie klare Ziele, auf die Sie hinarbeiten möchten, um Selbstdisziplin und Priorisierung zu fördern.

2. Machen Sie einen Plan.
Erstellen Sie einen Plan, um Ihre Ziele zu erreichen und konzentrieren Sie sich auf Ihre Prioritäten.

3. Setzen Sie Prioritäten.
Überlegen Sie, welche Aufgaben wichtig und dringend sind und widmen Sie ihnen Ihre Aufmerksamkeit.

4. Vermeiden Sie Ablenkungen.
Eliminieren Sie Ablenkungen, vermeiden Sie Multitasking und konzentrieren Sie sich auf eine

Aufgabe nach der anderen.

5. Verwenden Sie Zeitmanagementtechniken.
Nutzen Sie Ihre Zeit effektiv, indem Sie Techniken wie die Eisenhower-Matrix und die Pomodoro-Technik anwenden.

6. Seien Sie diszipliniert.
Setzen Sie sich Grenzen, halten Sie sich daran und entwickeln Sie Selbstdisziplin.

7. Machen Sie regelmäßig Pausen.
Machen Sie regelmäßig Pausen, um sich zu erholen und Ihre Konzentration zu verbessern.

8. Erstellen Sie eine Aufgabenliste.
Erstellen Sie eine To-Do-Liste, um Ihre Aufgaben und Prioritäten zu organisieren.

9. Belohnungen festlegen.
Motivieren Sie sich, indem Sie sich belohnen, wenn Sie eine Aufgabe erfolgreich abgeschlossen haben.

10. Führen Sie regelmäßige Fortschrittskontrollen durch.
Überprüfen Sie regelmäßig Ihren Fortschritt, um sicherzustellen, dass Sie Ihre Ziele erreichen.

EPILOG

Auf dem Lebensweg streben wir nach persönlichem Erfolg, ein Ziel, das mehr als nur materielle Erfolge umfasst. Persönlicher Erfolg ist das harmonische Zusammenspiel von persönlichem Wachstum, innerer Erfüllung und äußerem Wohlstand. Ihre in 16 Schritten beschriebene Reise ist eine inspirierende Erinnerung daran, dass der Weg zum Erfolg nicht nur das Produkt äußerer Umstände ist, sondern vor allem das Ergebnis von Entschlossenheit, Können und Entschlossenheit. Ihr Talent und Ihre Hingabe.

Die Säulen des persönlichen Erfolgs, die Sie in diesem Buch entdeckt haben, sind wie Bausteine einer soliden Grundlage für Ihre Zukunft. Um ein Ziel zu erreichen, braucht es mehr als einen schnellen Sprint. Es ist ein regelmäßiger Marathon, bei dem Sie Ihre Fähigkeiten verbessern, Hindernisse überwinden und die Grenzen Ihres Potenzials überschreiten. Sie haben gelernt, dass eine positive Einstellung und eine klare Vision Ihre treuen Begleiter auf diesem Weg sind. Sie sind wie ein Kompass, der Sie bei stürmischem Wetter führt und Sie auf dem richtigen Weg hält, wenn der Weg verschwommen erscheint. Die Fähigkeit, mit Fehlern umzugehen und aus ihnen zu lernen, ist eine wertvolle Fähigkeit, die Sie auf Ihrem persönlichen Wachstumspfad weiterbringen wird.

Denken Sie daran, dass Sie auf dieser Reise nicht allein sind. Ihr soziales Netzwerk und Ihre Beziehungen sind eine wertvolle Ressource, die Sie unterstützt und Ihr Wachstum beschleunigt. Ihr Streben nach persönlichem Erfolg sollte niemals auf Kosten Ihrer Gesundheit gehen. Die feine Balance zwischen Arbeit und Ruhe, die Sie lernen, wird Ihnen helfen, langfristig ohne Burnout erfolgreich zu sein.

Nachdem Sie dieses Buch „16 Schritte zum persönlichen Erfolg" durchgelesen haben, können Sie auf Ihren Erkenntnissen aufbauen und nach vorne blicken. Selbstbeobachtung und persönliches Wachstum werden Ihre Stärken weiter stärken und Ihre Schwächen mildern. Ihre offene Einstellung gegenüber neuen Herausforderungen wird Ihnen die Tür zu unerforschten Möglichkeiten öffnen. Möge dieses Buch nicht nur eine Inspiration, sondern auch ein praktischer Leitfaden auf Ihrem Weg zu einem erfüllten und erfolgreichen Leben sein. Handeln Sie entschlossen, gestalten Sie Ihre Zukunft mit Bedacht und seien Sie bereit, jeden Schritt Ihrer Reise anzunehmen. Denken Sie daran, dass es bei persönlichem Erfolg nicht nur darum geht, Ziele zu erreichen, sondern auch darum, ständig nach Fortschritt und Wachstum zu streben.

Möge Ihr persönlicher Erfolgsweg von Freude, Zufriedenheit und stetigem Wachstum begleitet sein.

Beste Wünsche

Ralf Thomas

www.ingramcontent.com/pod-product-compliance
Lightning Source LLC
Chambersburg PA
CBHW050322220526
45465CB00005B/2099